AF335779

Principes Élémentaires de Musique,

suivis de Solféges extraits de Rodolphe

et rangés dans un ordre nouveau,

par Anselin,

Maitre de Pension,

expressément pour ses Élèves.

Autog de Bove, à Beauvais.

Principes Élémentaires
de Musique.

Définitions.

1° Qu'est-ce que la Musique? La Musique est la science de la combinaison des sons et de leur accord.

2° Qu'est-ce qu'un Son? Un son est le résultat du choc de deux corps dont les parties ébranlées produisent des mouvements vibratoires qui sont transmis à l'oreille par le moyen de l'air.

3° Combien distingue-t-on de sortes de Sons?

On distingue deux sortes de sons: 1° ceux qui sont appréciables à l'oreille et que l'on peut imiter avec la voix, ou avec des instruments destinés à cet usage; On les divise en sons oratoires et sons musicaux, 2° ceux qui ne sont pas appréciables à l'oreille et qu'on ne peut imiter avec la voix, ou des instruments; comme lorsqu'on frappe un clou avec un marteau; c'est ce qu'on appelle du bruit.

4° Qu'appelle-t-on son oratoire? Un son oratoire est le résultat de la parole. Ainsi quand le maître explique une leçon, et quand l'élève la récite, il en résulte des sons oratoires.

5° Qu'appelle-t-on son musical? Un son musical est celui qui résulte du choc d'un instrument de musique, ou que l'on imite avec la voix.

6° Combien distingue-t-on d'espèces d'instruments de musique? On distingue trois sortes d'instruments de musique: 1° les instruments à cordes, comme le piano, le violon, la harpe, la lyre, la guitare &ª. 2° Les instruments à vent, comme l'orgue, la flûte, la clarinette, le cor, la trompette, &ª; 3° Les instruments à percussion, c'est-à-dire, ceux que l'on frappe pour en tirer des sons, comme les cloches, le tambour, les timbales, les timbales, le triangle &ª.

7° En quoi consiste l'étude de la musique? L'étude de la musique consiste à apprendre à combiner les sons de manière à exprimer les divers sentiments de l'âme, à les écrire sur le papier et à les exécuter avec la voix, ou avec des instruments.

8° Comment peut-on représenter les sons sur le papier ?

On représente les sons sur le papier au moyen de signes placés sur une réunion de lignes que l'on appelle Échelle musicale ou Portée.

9° De combien de lignes est composée l'Échelle musicale ?

L'Échelle musicale est composée de cinq lignes et de quatre interlignes qui se comptent de bas en haut.

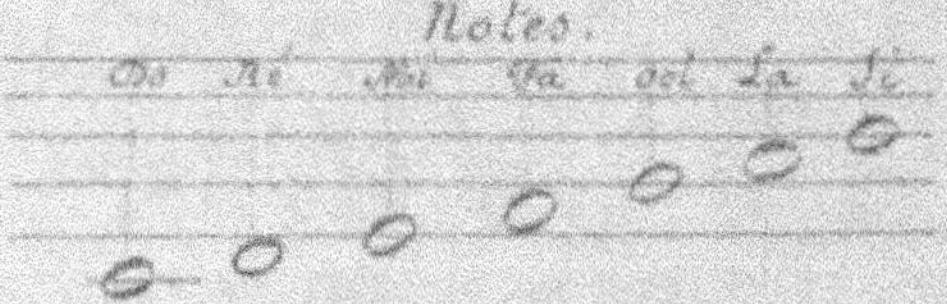

10° Comment s'appellent les signes qui servent à représenter les sons sur l'échelle musicale ou portée ?

Les signes qui servent à représenter les sons sur l'échelle musicale s'appellent notes.

11° Combien y a-t-il de notes dans la musique ?

Il y a dans la musique sept notes que l'on appelle, Do Ré, Mi, Fa, Sol, La &c.

12° Comment les notes peuvent-elles représenter les sons ?

Les notes indiquent l'élévation ou l'abaissement des sons par la place qu'elles occupent sur l'échelle musicale.

13° Comment sont représentées les notes de la musique ?

Les notes de la musique sont représentées par des signes qu'on appelle Ronde, Blanche, Noire, Croche, Double-croche, Triple-croche, Quadruple-croche.

Figures des Notes

14° Où indiquent les noms, Ronde, Blanche, Noire &c.

Les noms Ronde, Blanche, Noire, Croche &c. indiquent la durée du chant, c'est-à-dire, combien de temps l'on doit rester sur le son que représente chacun de ces signes.

15.° Qu'appelle-t-on Clef en musique ?

On appelle Clef en musique certaines figures qui se placent au commencement de chaque portée.

16.° Quel est l'usage des Clefs en musique ?

Les clefs servent à décider la position des notes sur l'échelle musicale — Elles donnent leur nom à la note qui se trouve sur la ligne où elles sont placées. Ainsi on appelle Do la note placée sur la ligne où est la clef de Do.

17.° Combien y a-t-il de clefs en musique ?

Il y a en musique trois clefs qu'on appelle : Clef de sol, Clef de Fa et Clef de Do.

Figures des Clefs.

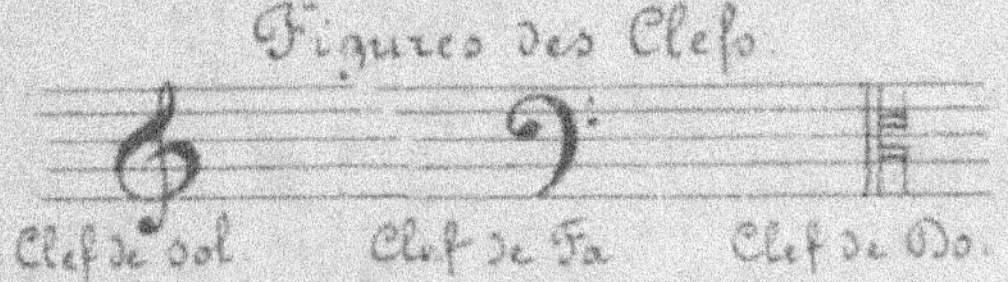

18.° Sur combien de lignes se pose la clef de sol ?

La clef de sol se pose sur deux lignes, savoir : la 1ère et la 2me.

19.° Sur combien de lignes se pose la clef de Fa ?

La clef de Fa se pose sur deux lignes, savoir : la 3e et la 4e.

20.° Sur combien de lignes se pose la clef de Do ?

La clef de Do se pose sur quatre lignes, savoir : la 1ère, la 2e, la 3e et la 4ème.

Position des Clefs sur l'échelle musicale.

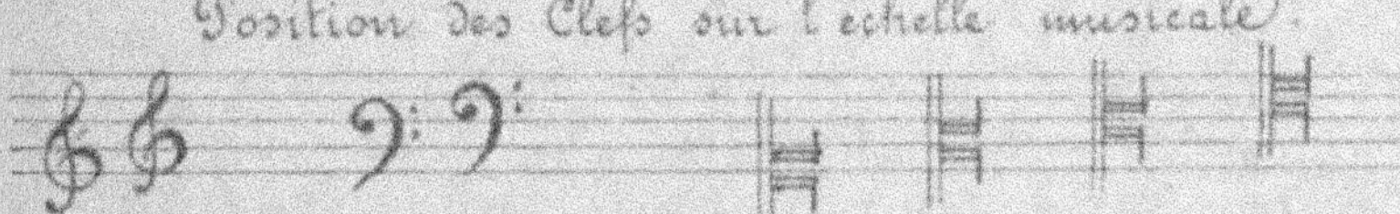

21.° Quelles sont les Clefs les plus usitées ?

Les clefs les plus usitées sont : La clef de Sol, 2e ligne, la clef de Fa 4e ligne, la clef de Do, 3e ligne et la clef de Do, 4e ligne. Les clefs de Do 1ère et 2e ligne sont beaucoup moins usitées. Les clefs de sol, 1ère ligne et de Fa, 3e ligne ne sont presque jamais employées.

Emploi des Clefs.

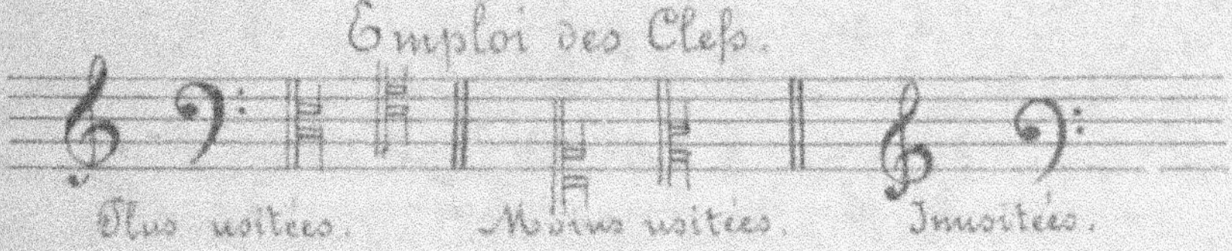

22. Qu'appelle-t-on Gamme ? On appelle Gamme la réunion

des sept notes de la musique placées dans l'ordre naturel, à la suite desquelles on répète la première, d'où l'on peut conclure que une gamme est composée de huit notes, et finit toujours par la note par laquelle elle a commencé.

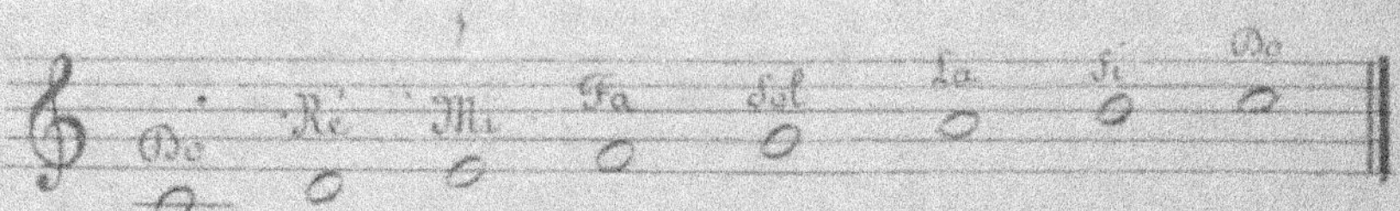

23.° Par quelle note doit commencer une gamme ?

Une gamme peut commencer par chacune des sept notes de la musique, et porte ordinairement le nom de la note par laquelle elle commence. Ainsi on appelle Gamme de Do, celle qui commence par Do; Gamme de Sol, celle qui commence par Sol, &c.

24.° Quel nom donne-t-on à la note qui commence une gamme ?

La première note d'une gamme s'appelle Note du Ton ou Tonique.

Des Degrés.

25.° Qu'appelle-t-on Degré en musique ?

En musique on appelle Degré l'intervalle plus ou moins grand qui se trouve entre deux notes; comme Do à Ré; Do à Mi; Do à Fa; Si à Do; Si à La; &c.

26.° N'y a-t-il pas plusieurs espèces de Degrés ?

On distingue deux espèces de Degrés, savoir : le Degré conjoint et le Degré Disjoint.

27. Qu'appelle-t-on degré conjoint ?

On appelle degré conjoint l'intervalle qui se trouve entre deux notes qui se suivent dans l'ordre de la gamme, comme Do à Ré; Sol à La; Mi à Fa, &c.

28.° Qu'appelle-t-on degré disjoint ?

On appelle degré disjoint l'intervalle de deux notes qui ne se suivent pas dans l'ordre de la gamme, comme Do à Mi; Ré à Sol; Si à Fa; La à Ré, &c.

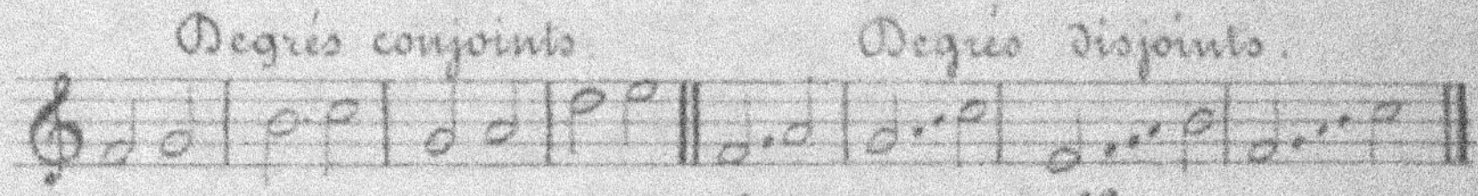

Noms de tous les intervalles.

29.° Comment appelle-t-on deux notes placées sur le même degré ?

Deux notes placées sur le même degré s'appellent Unisson.

30.° Comment appelle-t-on l'intervalle de deux notes qui se suivent?   On appelle seconde l'intervalle de deux notes, comme Do à Ré, Fa à Sol, &.ª

31.° Comment s'appelle l'intervalle de trois notes?
On appelle Tierce, l'intervalle de trois notes, comme Do à Mi, Ré à Fa, Mi à Sol &.ª

32.° Comment s'appelle l'intervalle de quatre notes?
On appelle Quarte l'intervalle de quatre notes, comme Do à Fa; Ré à Sol; Mi à La &.ª

33.° Comment s'appelle l'intervalle de cinq notes?
On appelle Quinte l'intervalle de cinq notes, comme Do à Sol, Ré à La; Mi à Si, &.ª

34.° Comment s'appelle l'intervalle de six notes?
On appelle Sixte l'intervalle de six notes, comme Do à La, Ré à Si, Mi à Do; Fa à Ré &.ª

35.° Comment s'appelle l'intervalle de sept notes?
On appelle Septième l'intervalle de sept notes, comme Do à Si, Ré à Do, Mi à Ré. &.ª

36.° Comment s'appelle l'intervalle de huit notes?
On appelle Octave l'intervalle de huit notes, comme Do à Do, Ré à Ré &.ª

Figures de tous les intervalles.

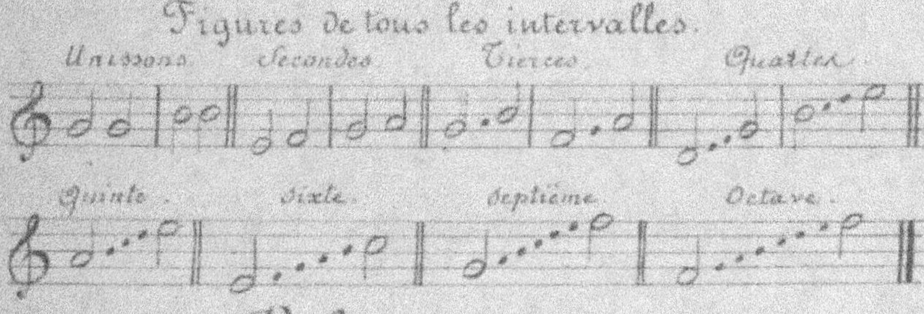

Valeur des Notes.

37.° Quelle est la valeur des signes qui indiquent la durée du chant?   Chacun de ces signes a une valeur double de celui qui le suit. Ainsi la Ronde vaut deux Blanches, la Blanche vaut deux Noires; la Noire vaut deux Croches; la Croche vaut deux Doubles-Croches; &.ª En combinant ces valeurs des notes plus fortes aux plus faibles, on obtient le résultat suivant: La Ronde vaut deux Blanches, ou quatre Noires, ou huit Croches, ou seize Double-Croches, ou trente deux Triples Croches, ou soixante-quatre Quadruples-Croches.

La Blanche vaut deux Noires, ou quatre Croches, ou huit Doubles-Croches, ou seize Triples-croches, ou trente-deux qua-druples-Croches. — La Noire vaut deux Croches, ou quatre Doubles Croches, ou huit Triples-Croches, ou seize quadruples-Croches. — La Croche vaut deux Doubles-Croches, ou quatre Triples Croches, ou huit quadruples-croches. — La Double-Croche vaut deux Triples-Croches, ou quatre Quadruples-Croches. La Triple-Croche vaut deux quadruples croches.

Tableau de la Valeur des Notes.

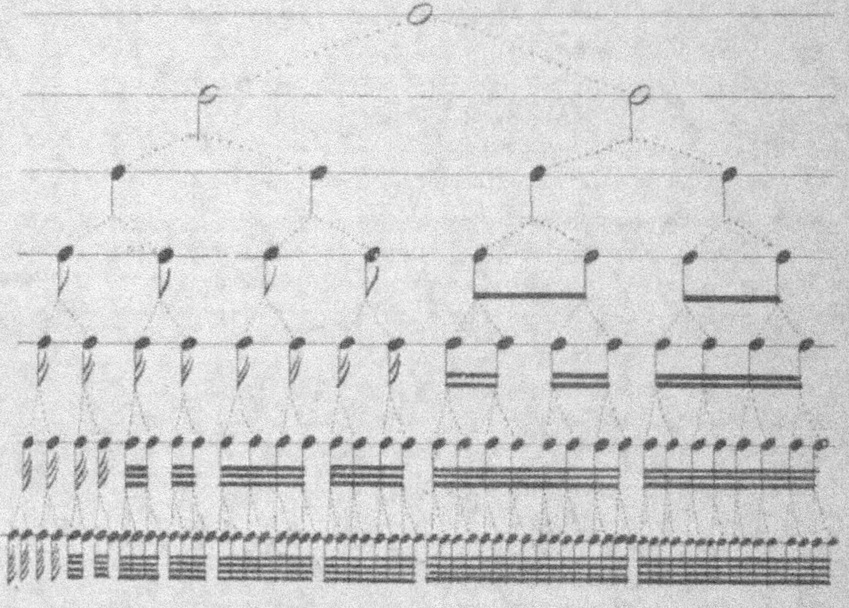

31. À quoi sert le Point placé après une note?

Le Point placé après une note sert à augmenter cette note de la moitié de sa valeur. Ainsi, une Ronde pointée vaut trois Blanches, savoir deux pour la Ronde et une pour le point; elle vaut par conséquent six Noires, ou douze Croches, ou vingt quatre Doubles Croches, ou quarante-huit triples croches. — Une Blanche pointée vaut trois Noires, ou six Croches, ou douze Doubles cro-ches, ou vingt quatre Triples Croches. — Une Noire pointée vaut trois cro-ches, ou six Doubles Croches, ou douze Triples Croches. — Une Croche pointée vaut trois Doubles Croches, ou six Triples Croches. — Une Double-Croche pointée vaut trois Triples Croches.

Valeur des Notes pointées.

○ · qui vaut 3 ♩, ou 6 ♪, ou 12 ♪, ou 24 ♪, ou 48 ♪.

♩ · qui vaut 3 ♪, ou 6 ♪, ou 12 ♪, ou 24 ♪.

♪ · qui vaut 3 ♪, ou 6 ♪, ou 12 ♪.

♪ · qui vaut 3 ♪, ou 6 ♪.

♪ · qui vaut 3 ♪.

Des silences.

39° A quoi servent les Silences ?

Les silences servent à indiquer les interruptions du chant.

40° Comment sont représentés les silences?

Les Silences sont représentés par des signes qu'on appelle Pause, Demi-Pause, Soupir, Demi-Soupir, Quart-de-soupir, Huitième de Soupir, Seizième de Soupir.

41° Quelle est la valeur de chacun de ces signes ?

La Pause vaut une ronde et une mesure entière ; la Demi-pause vaut une blanche ; le Soupir vaut une noire ; le Demi-soupir vaut une croche ; le Quart-de-soupir vaut une double cro-che ; le Huitième de soupir vaut une triple-croche ; le Seizième de-soupir vaut une Quadruple-croche.

Tableau de la Valeur des Silences.

Des Mesures.

42.° Qu'est-ce que la Mesure en Musique ?

La Mesure est la division d'un morceau de musique en parties égales.

43.° Comment se marquent les Mesures ?

Les Mesures se marquent par de petites lignes perpendiculaires tirées sur les lignes de l'échelle musicale.

44.° Combien y a-t-il de sortes de mesures ?

Il y a deux sortes de mesures, savoir les mesures principales et les mesures dérivées.

45.° Combien y a-t-il de mesures principales ?

Il y a trois mesures principales, savoir : La mesure à Deux tems, la mesure à Trois tems et la mesure à Quatre tems.

Nota. La mesure à Deux tems s'appelle mesure Binaire, celle à Trois tems, mesure ternaire; et celle à quatre tems, mesure quaternaire.

46.° Comment s'indiquent ces mesures ?

La mesure à Deux tems se marque par un 2 ou un C barré, la mesure à Trois tems se marque par un 3 ; la mesure à quatre tems se marque par un C et quelquefois par un 4.

Mesure à 2 tems.	Mesure à 3 tems.	Mesure à 4 tems.
2 ou C	3	C ou 4

47.° Quelle est la valeur de chacune de ces mesures ?

La mesure à Deux tems vaut une ronde ou sa valeur et une blanche pour chaque tems. La mesure à Trois tems vaut une Blanche pointée ou sa valeur, et une Noire pour chaque tems. La mesure à quatre tems vaut une Ronde ou sa valeur, et une Noire pour chaque tems.

48.° Qu'appelle-t-on mesures dérivées ? On appelle mesures dérivées celles qui sont formées des mesures principales.

49.° Ces mesures ne s'appellent-elles pas aussi mesures composées ?

On les appelle mesures composées, parce qu'elles s'indiquent toujours par deux chiffres placés l'un sous l'autre.

50.° Qu'indiquent ces deux chiffres ?

Dans les mesures composées, le chiffre supérieur désigne le nombre de notes qui entrent dans la mesure, et le chiffre inférieur indique la valeur de ces notes. Par exemple si l'on a $\frac{2}{4}$, le 2 indique qu'il faut deux notes et le 4 indique que chacune de ces notes doit être le quart de la ronde considérée comme unité principale, ce qui donne 2 noires. Si l'on a 3/8, le 3 indique qu'il faut trois notes dans la mesure et le 8 indique que chacune de ces notes doit être la huitième partie de la Ronde, c'est à dire, une croche; ainsi la mesure à 3/8 contient trois croches.

51° Quelles sont les mesures dérivées de celle à 2 tems?

Les mesures dérivées de la mesure à 2 tems sont les mesures 2/4, à 6/4, et à 6/8.

52° Quelle est la valeur de chacune de ces mesures?

La mesure à 2/4, vaut une blanche ou sa valeur, et une noire pour chaque tems. La mesure à 6/4 vaut une ronde pointée ou sa valeur, et une blanche pointée pour chaque tems. La mesure à 6/8 vaut une blanche pointée ou sa valeur et une noire pointée pour chaque tems.

53° Quelles sont les mesures dérivées de celle à 3 tems?

Ce sont les mesures à 3/2, 3/4, 3/8, 9/4 et 9/8.

54° Quelle est la valeur de chacune de ces mesures?

La mesure à 3/2 vaut une ronde pointée, et une blanche pour chaque tems. La mesure à 3/4 vaut une blanche pointée, et une noire pour chaque tems. La mesure à 3/8 vaut une noire pointée et une croche pour chaque tems. La mesure à 9/4, vaut deux rondes et une noire, une blanche pointée pour chaque tems. La mesure à 9/8 vaut une ronde et une croche, une noire pointée pour chaque tems.

55° Quelles sont les mesures dérivées de celle à 4 tems?

Ce sont les mesures à 12/4 et à 12/8.

56° Quelle est la valeur de chacune de ces mesures?

La mesure à 12/4 vaut 3 rondes, et une blanche pointée pour chaque tems. La mesure à 12/8 vaut une ronde pointée, et une noire pointée pour chaque tems.

Tableau des mesures.

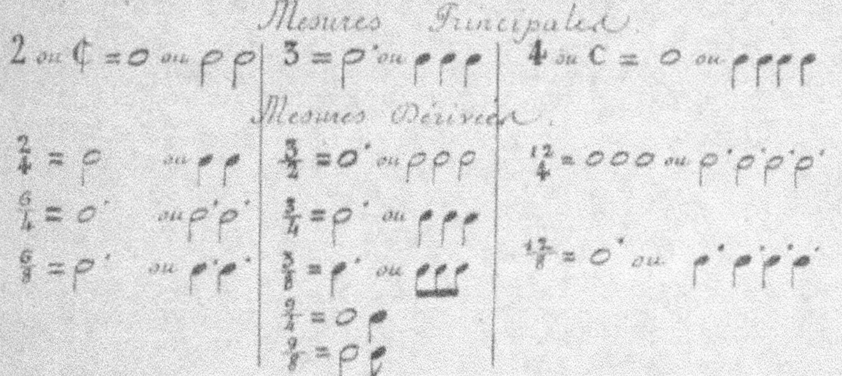

Mesures Principales.

2 ou ¢ = o ou ♩♩ | 3 = ♩· ou ♩♩♩ | 4 ou C = o ou ♩♩♩♩

Mesures Dérivées.

2/4 = ♩ ou ♪♪ | 3/2 = o· ou ♩♩♩ | 12/4 = ooo ou ♩·♩·♩·

6/4 = o· ou ♩·♩· | 3/4 = ♩· ou ♪♪♪

6/8 = ♩· ou ♪·♪· | 3/8 = ♩· ou ♪♪♪ | 12/8 = o· ou ♪·♪·♪·

9/4 = o♩

9/8 = ♩♪

57.° Parmi toutes ces mesures quelles sont les plus usitées ?

Les mesures les plus usitées sont les mesures à 2, à 3 et à 4 tems ; celles à $\frac{2}{4}$, à $\frac{6}{8}$ et à $\frac{2}{3}$. On rencontre quelquefois la mesure à $\frac{12}{8}$, mais presque jamais les autres.

58.° De quelle manière se battent les mesures principales ?

Pour la mesure à deux tems, le 1.er tems est en frappant et le 2.e tems en levant. Pour la mesure à trois tems, le 1.er est en frappant, le 2.e en tournant à droite, et le 3.e en levant. Pour la mesure à quatre tems, le 1.er tems est en frappant, le 2.e en tournant à gauche, le 3.e en tournant à droite et le 4.e en levant.

59.° Comment se battent les mesures dérivées ?

Les mesures dérivées se battent comme les mesures principales dont elles dérivent.

<h2 align="center">Tableau de la figure des mesures.</h2>

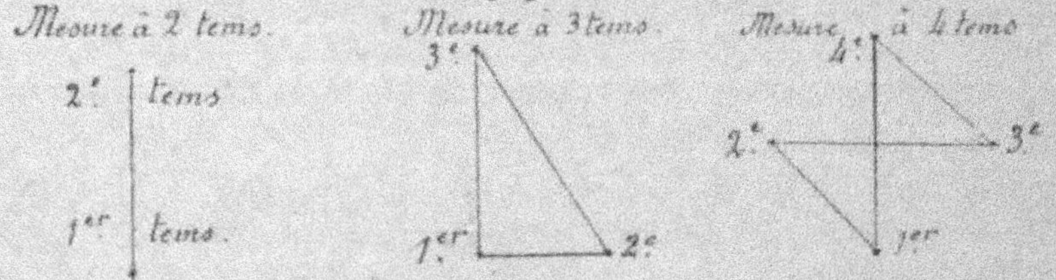

<h2 align="center">Des Notes Détachées, Coulées, Liées et Syncopées.</h2>

60.° Qu'appelle-t-on notes détachées ?

Les notes détachées sont celles que l'on marque d'une manière sensible dans l'exécution.

61.° Comment s'indiquent les notes détachées ?

Elles s'indiquent par des points ou des accents aigus placés sur les notes.

62.° Qu'appelle-t-on notes coulées ?

Les notes coulées sont celles sur lesquelles on passe en coulant les sons sans les marquer d'une manière sensible.

63.° Comment s'indiquent les notes coulées ?

Elles s'indiquent par un trait placé au dessus des notes qui les unit.

64.° Qu'appelle-t-on notes liées ?

Les notes liées sont celles qui étant placées sur le même degré sont surmontées du signe de liaison. Dans ce cas on ne nomme que la première note en soutenant le son pendant tout le tems indiqué par la valeur des notes liées.

65.° Qu'appelle-t-on notes syncopées ?

Les notes syncopées sont celles qui, comme les notes liées, sont placées sur le même degré et surmontées du signe de liaison, mais appartiennent à des mesures différentes ou à des tems différents ; ce qui forme deux espèces de syncopes, savoir les syncopes de mesures et les syncopes de tems.

Du Point d'Orgue et du Point d'arrêt.

66.° Qu'est-ce que le Point d'Orgue ?

Le Point d'orgue ⌢ est un signe placé sur une note pour indiquer que la mesure est suspendue sur cette note et qu'il faut la terminer en laissant mourir le son jusqu'à ce que le chef d'orchestre donne le signal du départ.

67.° Qu'est-ce que le Point d'arrêt ?

Le Point d'arrêt est le même signe que le précédent, mais placé sur un silence. Il indique qu'il faut suspendre vivement la mesure jusqu'à ce que le chef d'orchestre ait donné le signal du départ. Il arrive souvent que pendant cette suspension, un des instruments exécute un motif à volonté. La même chose a lieu à l'égard du point d'orgue, mais plus rarement.

Point d'orgue sur des notes.   Point d'arrêt sur des silences.

Des signes pour augmenter et diminuer le son.

68.° Comment s'appelle le signe qui indique qu'il faut augmenter le son ? Il s'appelle crescendo et se marque ainsi : ⸺ cresc.

69.° Comment s'appelle le signe qui indique qu'il faut diminuer le son ? Il s'appelle Decrescendo ou Diminuendo et se marque ainsi : ⸺ Decresc.

70.° Qui indique la réunion des deux signes précédents ?

Elle indique qu'il faut augmenter le son et ensuite le diminuer soit sur la même note soit sur des notes différentes.

Accidents de la Musique.

71.° Quels sont les accidents que l'on rencontre dans la musique ? Les accidents de la musique sont au nombre de trois

72.° A quoi sert le Dièse? Le Dièse sert à hausser d'un demi-ton la note devant laquelle il se trouve.

73.° A quoi sert le Bémol? Le Bémol sert à baisser d'un demi-ton la note devant laquelle il est placé.

74.° A quoi sert le Bécarre? Le Bécarre remet dans son ton naturel la note diésée ou bémolisée.

75.° Quelle différence y a-t-il entre les Dièses placés à la clef et ceux qui se rencontrent dans le courant d'un morceau?

Les dièses placés à la clef haussent toutes les notes du morceau qui sont sur le même degré qu'eux, tandis que les dièses placés dans le courant d'un morceau, et que l'on appelle Dièses accidentels, ne haussent que les notes de la mesure où ils se trouvent, par exemple, lorsqu'un dièse est posé à la clef sur le Fa, tous les Fa qui se trouvent dans le morceau sont diésés; si au contraire le dièse sur le Fa est accidentel, il n'y a que les Fa de la mesure où se trouve le dièse qui soient diésés, les Fa des mesures suivantes sont naturels.

76.° Quelle règle observe-t-on pour l'effet des Bémols?

On observe à l'égard des bémols, la même règle qu'à l'égard des dièses. Ceux qui sont à la clef, valent pour tout le morceau; et ceux qui sont accidentels ne valent que pour une mesure.

77.° Quelles sont les notes qui peuvent recevoir les dièses et les bémols?

Toutes les notes de la musique sont susceptibles de recevoir le dièse et le bémol. On emploie même quelquefois le Double Dièse ♯ ou ✗ qui hausse encore d'un demi-ton la note déjà diésée, et le Double Bémol ♭♭ qui baisse encore la note déjà bémolisée.

78.° Dans quel ordre place-t-on les dièses à la clef?

Les Dièses se posent à la clef de Quinte en Quinte en montant, ou de Quarte en Quarte en descendant. Ainsi le 1.er Dièse étant toujours sur le Fa, le 2.e trouve sa place sur le Do, le 3.e sur le sol, le 4.e sur le Ré, le 5.e sur le La, le 6.e sur le Mi, et le 7.e sur le Si.

Tableau de l'ordre des Dièses.

1.er   2.e   3.e   4.e   5.e   6.e   7.e

79.° Nommez les dièses dans l'ordre qu'ils occupent à la clef?

Fa, Do, sol, Ré, La, Mi, Si.

80.° Dans quel ordre place-t-on les Bémols à la clef ?

Les Bémols se placent à la Clef de quarte en quarte en montant ou de Quinte en Quinte en descendant. Ainsi le 1.ᵉʳ bémol étant toujours sur le Si, le 2.ᵉ trouve sa place sur le Mi, le 3.ᵉ sur le La, le 4.ᵉ sur le Ré, le 5.ᵉ sur le Sol, le 6.ᵉ sur le Do, et le 7.ᵉ sur le Fa.

Tableau de l'ordre des Bémols.

1.er   2.e   3.e   4.e   5.e   6.e   7.^e

81.° Nommez les bémols dans l'ordre qu'ils occupent à la clef ?
Si, Mi, La, Ré, Sol, Do, Fa.

Du Ton et du Demi-Ton.

82.° De quoi est composé un Ton ?
Un Ton est composé de deux Demi-Tons.

83.° Combien y a-t-il d'espèces de Demi-Tons ?
Il y a deux espèces de Demi-Tons, savoir : le Demi-Ton Majeur et le Demi-Ton Mineur.

84.° Qu'appelle-t-on Demi-Ton Majeur ?
On appelle Demi-Ton majeur celui qui se trouve entre deux notes de nom différent, comme de Mi à Fa, de Si à Do, de Sol dièse à La, de Ré dièse à Mi.

85.° Qu'appelle-t-on Demi-Ton Mineur ?
On appelle Demi-Ton Mineur celui qui se trouve entre une note naturelle, et la même note dièsée ou bémolisée, comme de Do à Do dièse, de Ré dièse à Ré naturel, de Si à Si bémol, de Mi bémol à Mi.

Manière de composer les Gammes.

86.° Combien y a-t-il de manières de composer une Gamme ?
Il y a deux manières de composer une Gamme ; l'une que l'on appelle Mode Majeur et l'autre que l'on appelle Mode Mineur.

87.° Qu'appelle-t-on Gamme Majeure ?
On appelle Gamme Majeure, celle dont la première tierce est composée de deux tons.

88.° Qu'appelle-t-on Gamme Mineure ?
On appelle Gamme Mineure, celle dont la première tierce est composée d'un ton et demi.

89.° Quel rapport y a-t-il entre les Gammes Majeures et les Gammes Mineures ? Chaque Gamme Majeure a une Gamme Mineure qui s'y rapporte, et que l'on appelle ton mineur relatif du ton majeur.

90°. Comment trouve-t-on la Gamme mineure relative d'une Gamme majeure?

Pour trouver le ton mineur d'un ton majeur donné, il faut descendre une tierce au dessous du ton majeur. Par exemple, si on veut trouver le ton mineur relatif du ton de Do majeur, on descendra une tierce au-dessous de Do et on trouvera La, d'où l'on pourra conclure que le ton de La mineur est le relatif de Do majeur, et ainsi des autres.

N. B. D'après cette règle il sera facile de comprendre que pour trouver le relatif d'un ton mineur, il suffit de remonter d'une tierce.

91°. Combien une gamme comprend-elle de tons?

Toute gamme est composée de cinq tons et de deux demi tons majeurs.

92°. Quels sont les intervalles qui se trouvent entre chaque note d'une gamme?

De Do à Ré, il y a un ton; de Ré à Mi, un ton; de Mi à Fa, un demi ton; de Fa à Sol, un ton; de Sol à La, un ton; de La à Si, un ton; de Si à Do, un demi ton.

On voit par ce qui précède que le premier demi ton est placé entre le 3.e et le 4.e degré, et que le deuxième demi ton est placé entre le 7.e et le 8.e degré.

Gamme Naturelle.

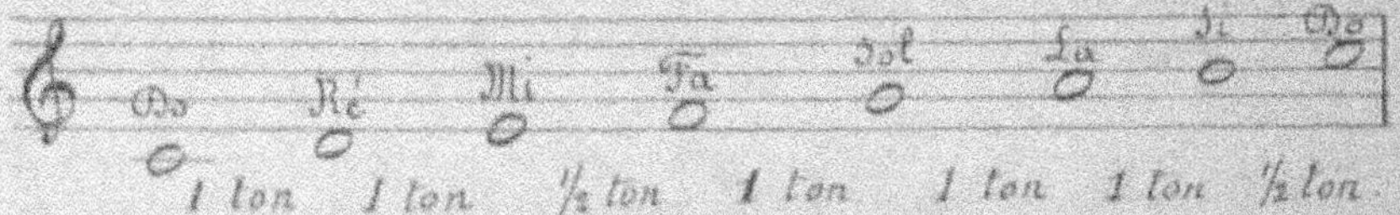

93°. Qu'appelle-t-on gammes naturelles?

On appelle gammes naturelles, celles qui ne présentent, ni dièses ni bémols à la clef.

94°. Que remarque-t-on à l'égard des gammes naturelles?

Il est à remarquer que le ton majeur naturel, sert de modèle à toutes les gammes majeures, et que le ton mineur naturel sera de modèle à toutes les gammes mineures.

95°. Dans quel ton est-on quand il n'y a ni dièse, ni bémol à la clef?

Lorsqu'il n'y a ni dièse, ni bémol à la clef, on est en Do majeur ou en La mineur.

96°. Comment peut-on reconnaître dans lequel de ces deux tons on est?

Pour s'assurer dans lequel de ces deux tons on est, il faut chercher dans les premières mesures la note sensible de La mineur qui est Sol dièse, si on la trouve on est en La mineur, et si on ne la trouve pas on est en Do majeur.

97.° Qu'appelle-t-on note sensible?
On appelle note sensible le demi ton qui précède la Tonique.

Des Tons majeurs et mineurs avec des Dièses

98.° Dans quel ton est-on avec un dièse à la clef?

Lorsqu'il y a un dièse à la clef, on est en sol majeur ou en mi mineur. Pour s'assurer dans lequel de ces deux tons, il faut chercher la note sensible de Mi mineur qui est Ré dièse, si on la trouve on est en Mi mineur, si on ne la trouve pas, on est en Sol majeur.
On opère de la même manière pour toutes les autres gammes soit avec des dièses soit avec des bémols.

99.° Dans quel ton est-on avec deux dièses?

Avec deux dièses, on est en Ré majeur ou en Si mineur.

100.° Dans quel ton est-on avec trois dièses?

Avec trois dièses on est en La majeur ou en Fa mineur.

101.° Dans quel ton est-on avec quatre dièses?

Avec quatre dièses on est en Mi majeur ou en Do dièse mineur.

102.° Dans quel ton est-on avec cinq dièses?

Avec cinq dièses on est en si majeur ou en sol dièse mineur.

103.° Dans quel ton est-on avec six dièses?

Avec six dièses on est en fa dièse majeur ou en Ré dièse mineur.

104.° Dans quel ton est-on avec sept dièses?

Avec sept dièses on est en Do dièse majeur ou en La dièse mineur.

Des Tons majeurs et mineurs avec des Bémols

105.° Dans quel ton est-on avec un bémol à la clef?

Avec un bémol à la clef, on est en Fa majeur ou en Ré mineur. Pour s'assurer dans lequel de ces deux tons, on cherche la note sensible de Ré, qui est Do dièse, si on ne la trouve pas on est en Fa majeur.

106.° Dans quel ton est-on avec deux bémols?

Avec deux bémols, on est en Si bémol majeur, ou en sol mineur.

107.° Dans quel ton est-on avec trois bémols?

Avec trois bémols, on est en Mi bémol majeur, ou en Do mineur.

108.° Dans quel ton est-on avec quatre bémols?

Avec quatre bémols, on est en La bémol majeur ou en Fa mineur.

109.º Dans quel ton est-on avec cinq bémols à la clef ?

Avec cinq bémols, on est en Ré bémol majeur, ou en Si bémol mineur.

110.º Dans quel ton est-on avec six bémols ?

Avec six bémols, on est en Sol bémol majeur, ou en Mi bémol mineur.

111.º Dans quel ton est-on avec sept bémols ?

Avec sept bémols on est en Do bémol majeur ou en La bémol mineur.

112.º N'y a-t-il pas des moyens de reconnaître facilement le ton d'un morceau de musique ?

Plusieurs observations peuvent aider à trouver le ton d'un morceau de musique. 1.º Avec des dièses à la clef, la tonique est toujours la note au dessous du dernier dièse pour le ton majeur et la note au dessous du dernier dièse pour le ton mineur. Avec des bémols la tonique est toujours la même note que l'avant-dernier bémol pour le ton majeur, et la tierce au-dessous de la tonique pour le ton mineur. 2.º Dans les morceaux à plusieurs parties, la partie la plus basse finit toujours par la tonique. 3.º Dans les morceaux à une seule partie, la dernière note du morceau est toujours la tonique.

Tableau des Gammes Majeures et Mineures dans tous les tons.

Gammes Naturelles.

Gammes avec des Bémols.

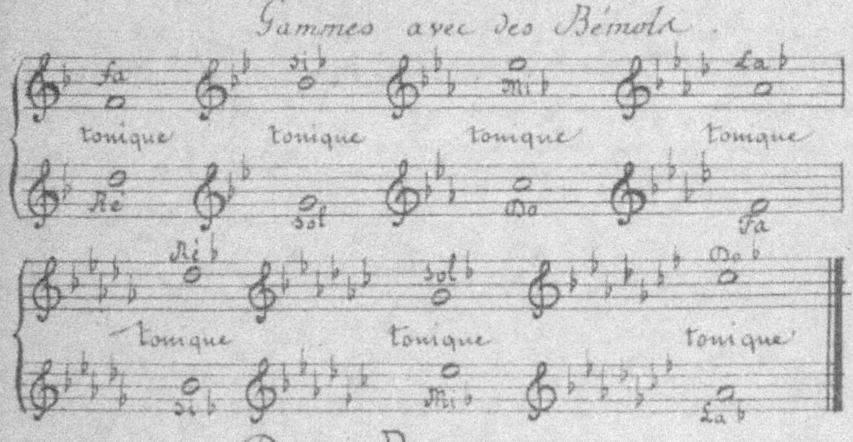

Des Reprises

113.° Qu'appelle t on reprises ?

On appelle reprises deux barres perpendiculaires plus fortes que les barres de mesures, qui annoncent la fin des phrases musicales. Lorsque ces barres n'ont pas de points, elles indiquent qu'il faut aller de suite; lorsqu'elles ont des points à gauche, elles indiquent qu'il faut dire deux fois la première reprise du morceau; lorsqu'elles ont des points à droite, il faut dire deux fois la deuxième reprise et lorsqu'elles ont des points des deux côtés, il faut dire deux fois chaque reprise

Du Renvoi.

114.° Qu'est-ce que le Renvoi ?

Le Renvoi 𝄌 est un signe qui sert à ramener de la fin d'un morceau de musique au commencement. On met toujours deux renvois, le second ramène au premier

Du Guidon.

115.° Qu'est ce que le Guidon ?

Le Guidon (𝆔) est un signe qui se place ordinairement à la fin d'une portée, surtout quand la mesure n'est pas terminée il sert à indiquer la première note de la portée suivante

Des Agréments du chant.

116.° Qu'appelle t on note d'agrément ?

Pour l'agrément du chant on emploie une note plus petite

que les autres et qui a toujours la queue par en haut, que l'on nomme Port de voix, Note de goût ou d'agrément. Cette note ne se nomme point en solfiant; on la fait seulement sentir en nommant la note avec laquelle elle est liée.

117.º Quelle valeur doit-on donner à la note d'agrément?

La note d'agrément a une valeur différente suivant les notes devant lesquelles elle est placée. Ainsi quand elle est devant une blanche, elle prend ordinairement la moitié de sa valeur; à moins que la blanche ne soit à la fin d'une phrase, alors elle peut valoir trois croches. Devant une noire elle vaut une croche et est marquée comme une croche, à moins que la queue ne soit traversée d'une petite barre, alors elle se fait rapidement et n'a qu'une valeur nulle.

Figures et Valeurs des Notes d'agrément.

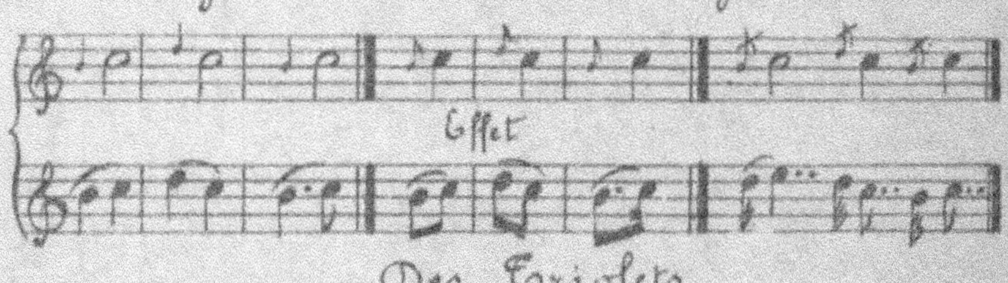

Des Triolets.

118.º Qu'appelle-t-on Triolets?

On appelle Triolets un groupe de trois notes qui dans la mesure ne se comptent que pour deux. Ces notes sont ordinairement représentées par des croches et des doubles-croches; on trouve cependant quelquefois des triolets de noires; mais jamais de rondes ni de blanches. Pour indiquer les triolets, on met un petit 3 au-dessus ou au-dessous de la note du milieu de chaque triolet.

Exemples de Triolets.

De la Cadence.

119.º Qu'est-ce que la Cadence?

On appelle Cadence deux notes que l'on fait entendre successivement et avec rapidité à la fin d'une phrase musicale.

Le battement de ces deux notes prend ordinairement son appui sur la pénultième note de la phrase musicale. Il y a des cadences préparées et d'autres sans préparation.

Nota. Les cadences se terminent quelquefois par un tour de gosier comme dans les exemples suivants.

Exécution vocale.
Solféges extraits de Rodolphe.

7.ᵉ Rondes et Blanches. Mesure à 2 et à 4 temps.
Gamme par Intervalle de Seconde

8.ᵉ Blanches et Noires. Mesure à 3 temps.

9.ᵉ Gamme par intervalle de tierce, silences d'une pause.

10.ᵉ Résumé de la leçon précédente, silences d'une
Demi- pause.

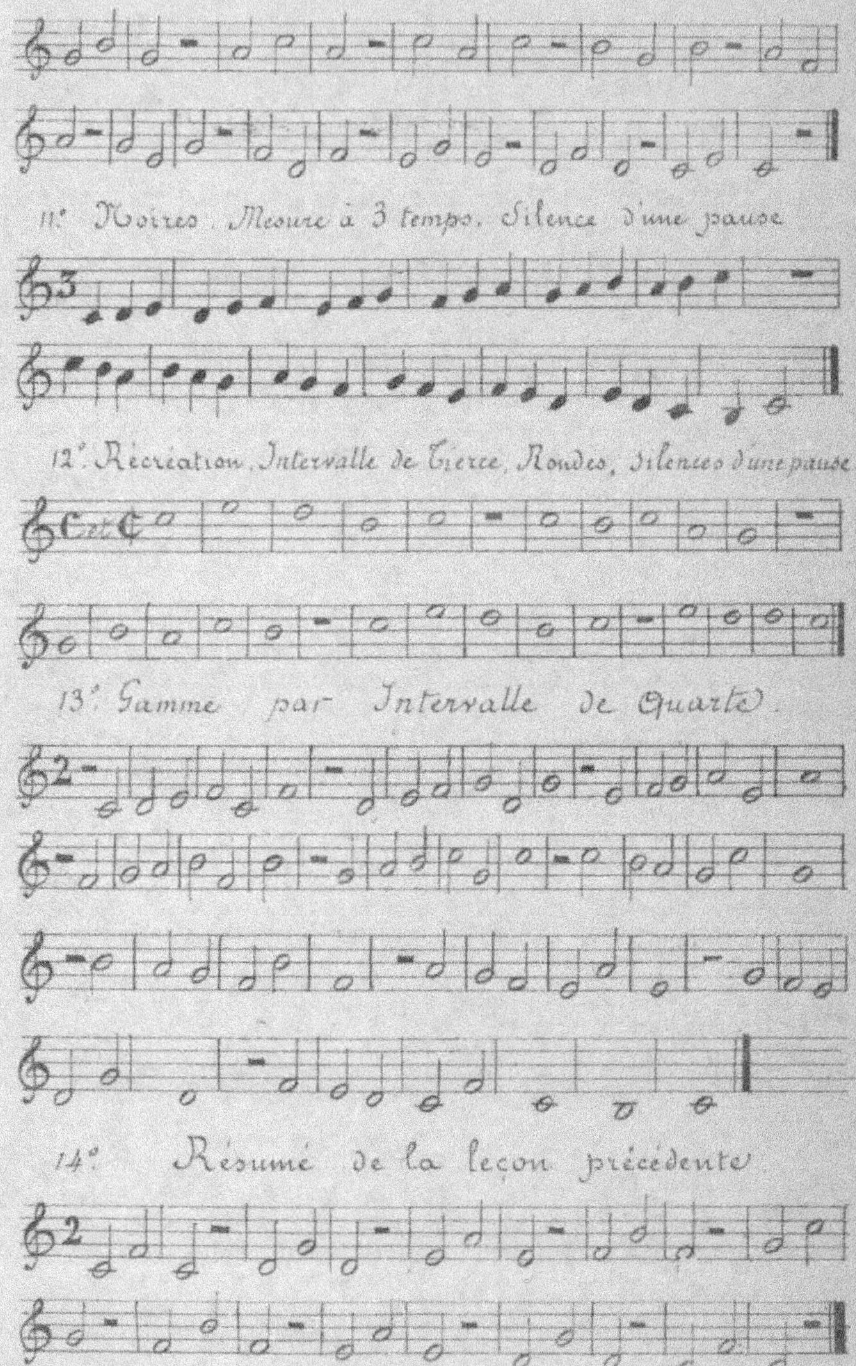
11º Noires. Mesure à 3 temps. Silence d'une pause
12º Récréation. Intervalle de Tierce, Rondes, Silences d'une pause.
13º Gamme par Intervalle de Quarte.
14º Résumé de la leçon précédente

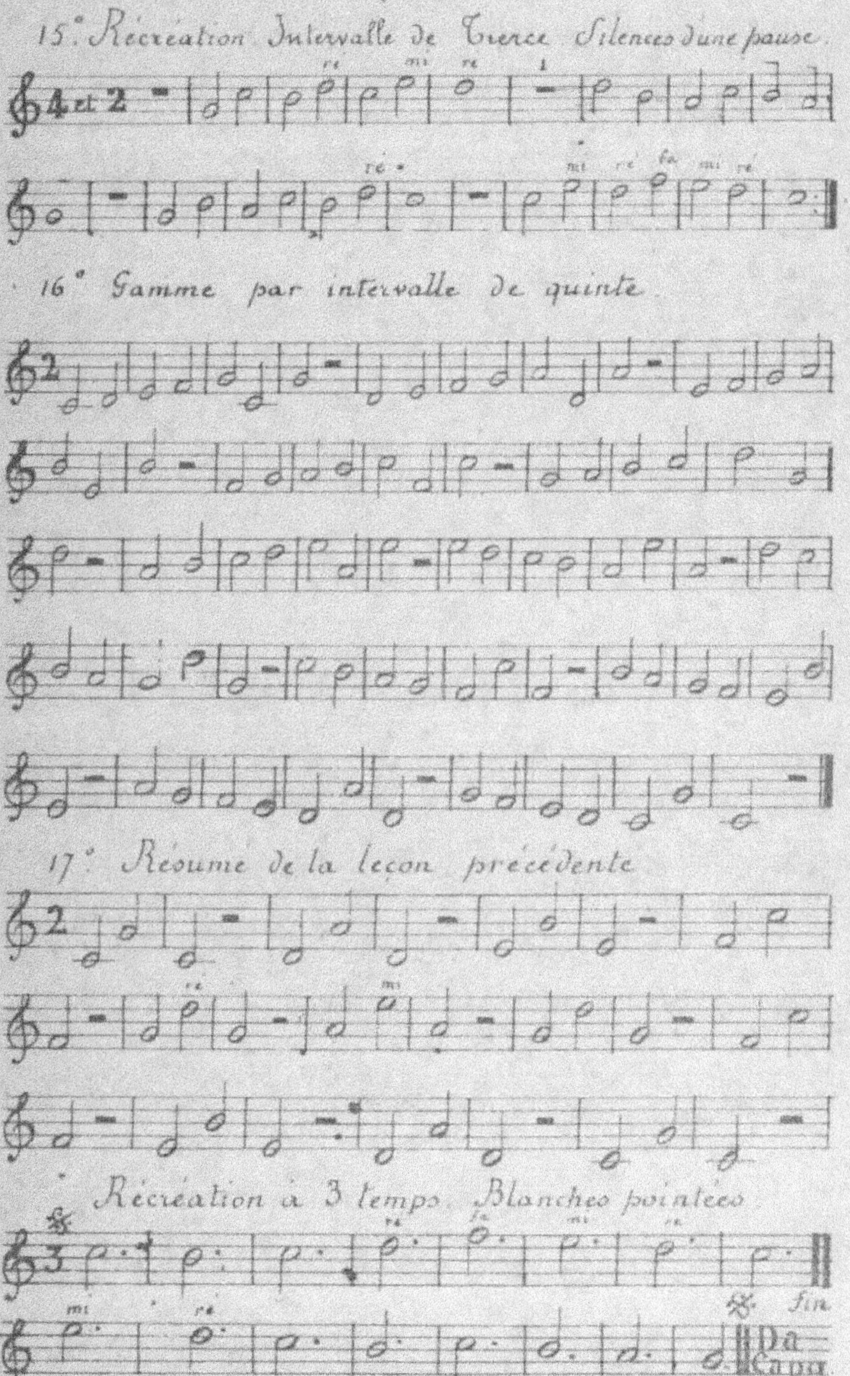
15.º Récréation Intervalle de Tierce Silences d'une pause.
16.º Gamme par intervalle de quinte.
17.º Résumé de la leçon précédente
Récréation à 3 temps. Blanches pointées
fin
Da Capo

19.ᵉ Gamme par intervalle de sixte.

20.ᵉ Résumé de la leçon précédente.

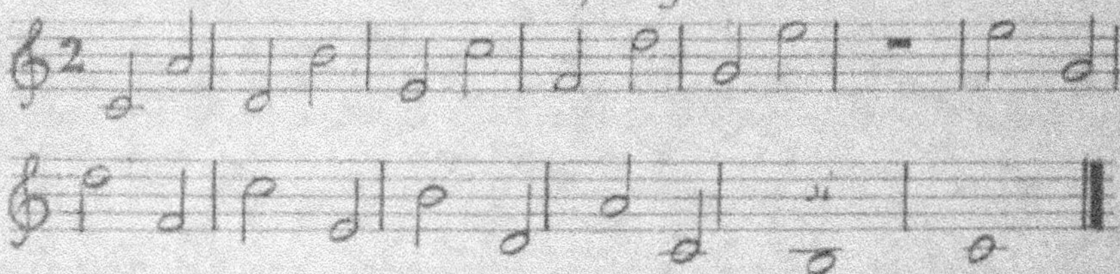

21.ᵉ Récréation : Rondes et Blanches, silences d'une pause.

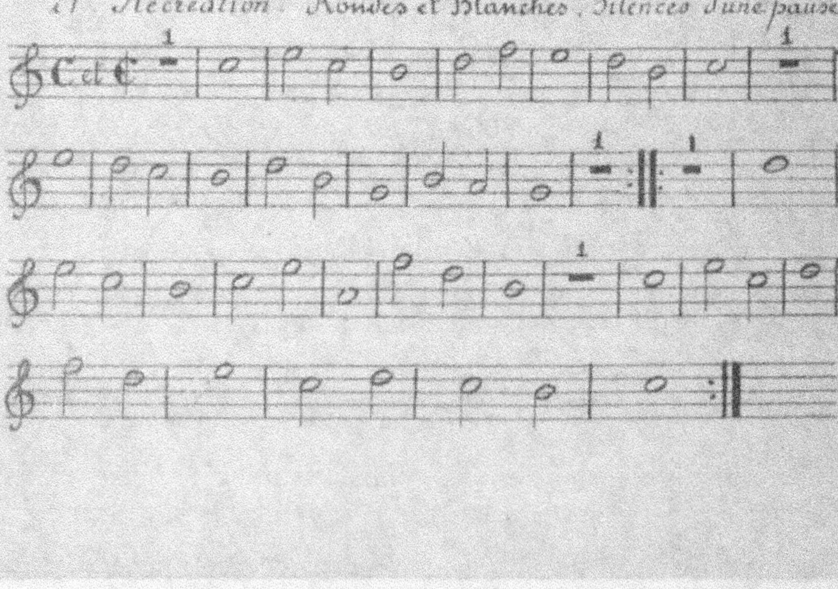

22. Gamme par intervalle de Septième.

23. Résumé de la leçon précédente.

24. Récréation à 3 temps. Blanches et Noires.

25. Gamme par intervalle d'octave. Silences d'une demi pause.

26 Résumé de la leçon précédente
27 Récréation. Rondes et Noires. Silences d'une pause.
28 Leçon renfermant tous les intervalles
29 Résumé de la leçon précédente

30 Récréation. Rondes, Blanches et Noires. Silences d'une demi-pause.
31. Gamme pour apprendre à compter les silences d'un soupir.
32. Récréation à 3 temps. Noires et Blanches.
33. Gamme en triolets. Croches et Noires. Mesure à 2/4
34. Récréation. Rondes, Blanches, Noires et Croches.

35. Autre Gamme en triolets. Mesure à 4 temps
36. Récréation à 3 temps. Blanches et Noires.
37 Gamme en arpèges. Mesure à 2/4. Doubles-Croches
38. Récréation, Blanches et Croches.

39. Gamme en Canon à 2 parties. A et B.
A
B
40. Récréation à 3 temps. Noires.
41. Sabbatini. Canon à 2 parties. A et B
A
B
42. Récréation. Blanches et silences d'une demi-pause.

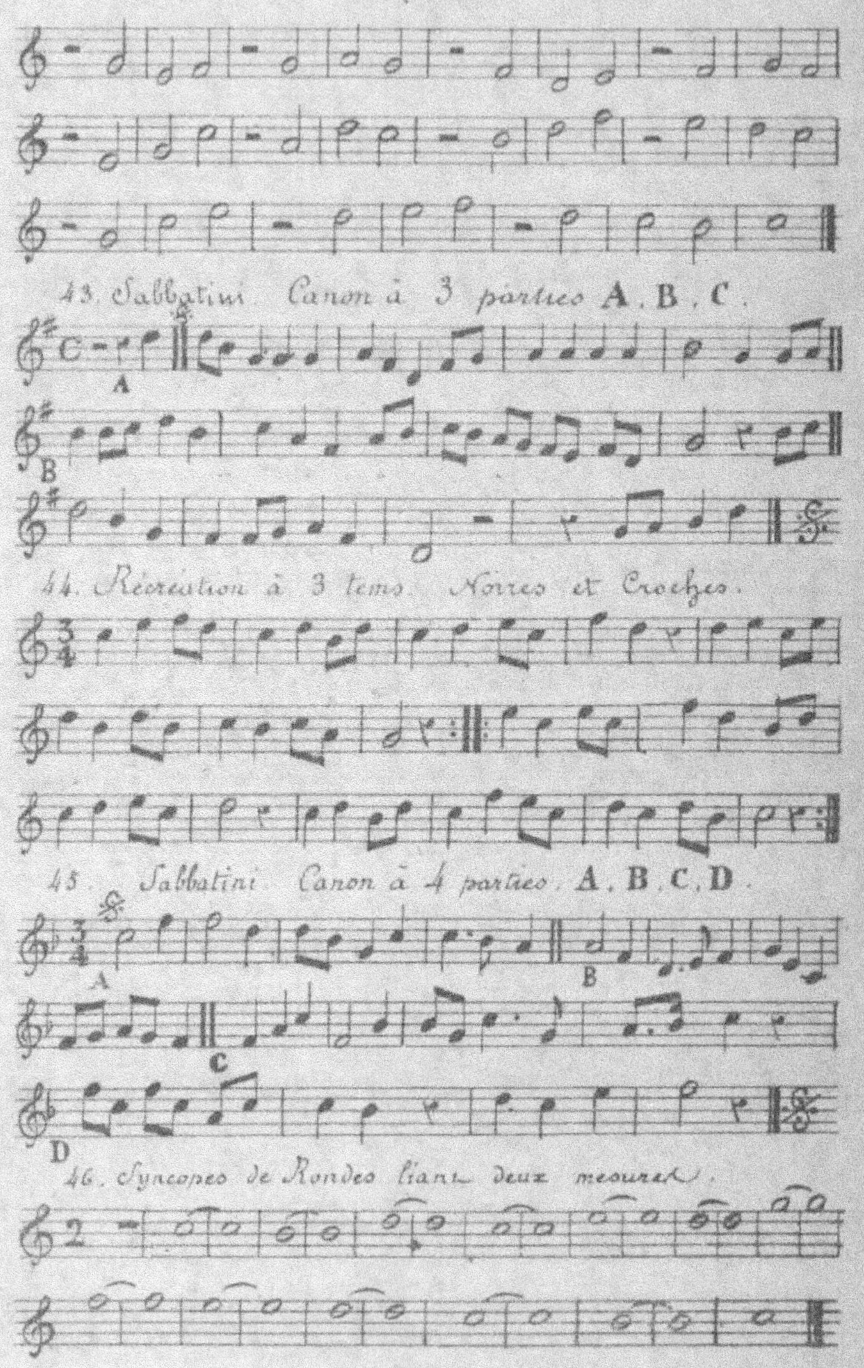
43. Sabbatini Canon à 3 parties A. B. C.
44. Récréation à 3 tems. Noires et Croches.
45. Sabbatini Canon à 4 parties A. B. C. D.
46. Syncopes de Rondes liant deux mesures.

47 Syncopes de temps sur des Blanches.
C et C
A
B
48. Récréation à 3 tems. Croches et Noires.
3
49.° Leçon à 2 parties A et B. Emploi du Crescendo et Decrescendo.
C et C
A
B

crese.
Da Capo.
50 Chans. Italien, à 3 parties A . B . C.
C ou C
A
Fin
Dolce
F
Dolce
crese.
B
Fin 2
F
cresc.
C
m.f.
Fin
Dal.
Da Capo.

51.ᵉ Sabbatini, Canon à 2 parties A et B.
A
B
3
3
3
3
4

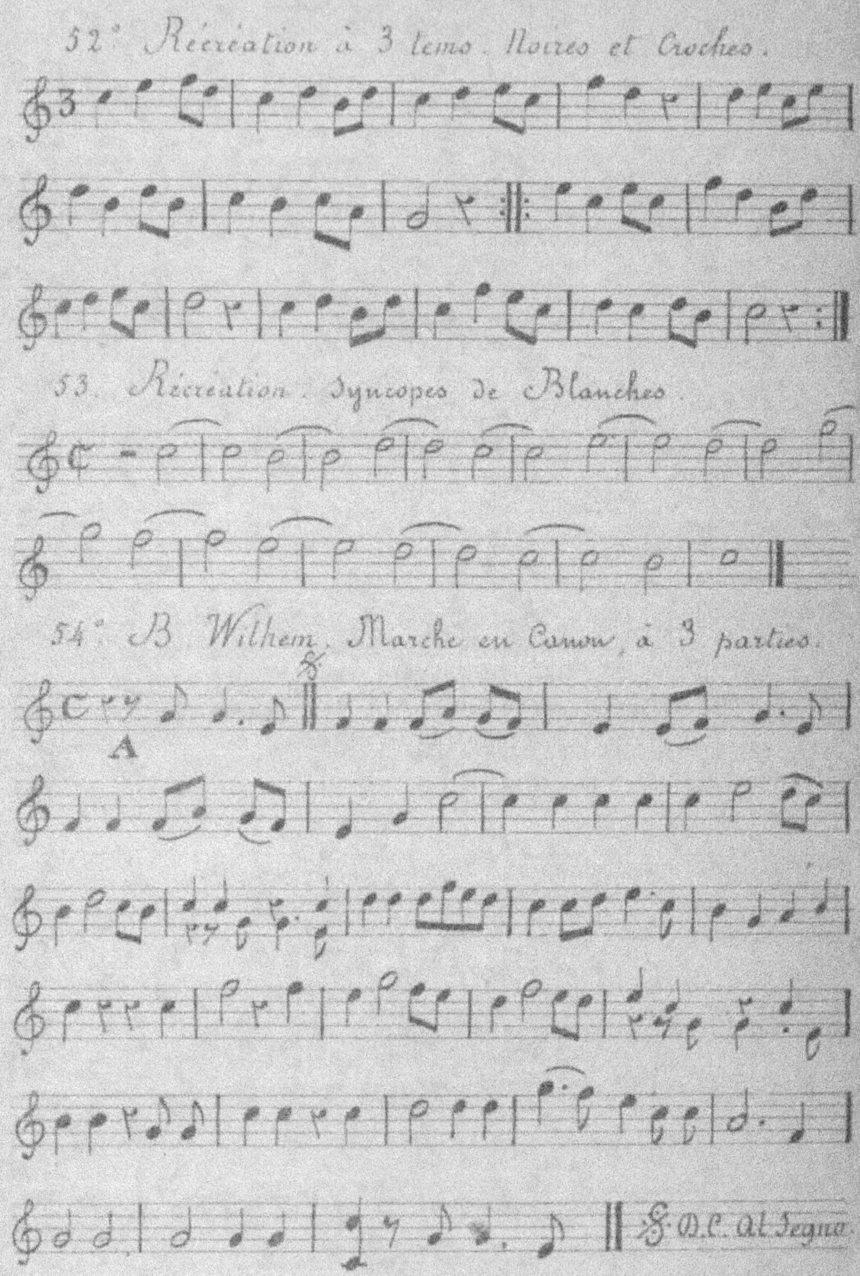

52.º Récréation à 3 tems. Noires et Croches.
53. Récréation. Syncopes de Blanches.
54.º B. Wilhem. Marche en Canon, à 3 parties.
C
A
S. D. C. al Segno.

www.ingramcontent.com/pod-product-compliance
Lightning Source LLC
LaVergne TN
LVHW021757060726

842528LV00003B/1005